AF417421

Eduardo Uribe
Vulgar elocuencia
Buenos Aires Poetry, 2025
86 pp.; 13,34 cm x 20,32 cm.
ISBN 9789878470986
Poesía México

Editorial ©Buenos Aires Poetry
Colección ©Pippa Passes
Diseño editorial ©Camila Evia

**BUENOS
AIRES
POETRY**

BUENOS AIRES POETRY
editorial@buenosairespoetry.com
www.editorialbuenosairespoetry.com

Vulgar Elocuencia

Eduardo Uribe

BUENOS
AIRES
POETRY

PIPPA
PASSES

Vulgar elocuencia

Eduardo Uribe

…nuestro vulgar ilustre yerra peregrino y encuentra
alojamiento en moradas humildes,
pues estamos privados de palacio real.

Aproximación a Dante Alighieri,
De vulgari eloquentia, I xviii, 3

Manifiesto

Favorecida literatura bien escrita, aburguesada,
moderada en mercados y academias.
Autores de receta, dóciles cortesanos,
criaturas domésticas demasiado ocupadas
en complacer al lector
(ya sabemos, en el capitalismo
el cliente siempre tiene la razón).
Escritores que se dicen experimentales,
al servicio de corporativos literarios.

Siempre habrá revuelta partiendo de las cosas simples,
necesarias para la vida.

Rebeldía al día.
Por la construcción de una nueva suciedad, perdón,
sociedad, bien proleta, una literatura hecha
con toda esta basura que debo tirar.
En la división del trabajo
me he desempeñado en esta ocupación,
que ha consumido mis horas,
que me ha hecho vivir.

Criado en el proletariado,
educado por la burguesía.
De ahí que, en principio,
luche contra mí mismo.

En las clases bajas invertimos nuestros esfuerzos
en objetos que carecen de plusvalía.

A cuentagotas se añaden las líneas
que disminuyen mi hacienda.
Cada una de mis historias me ha agotado y empobrecido,
fabular me cuesta caro.
Me he explotado a mí mismo
y acabo regalando mi trabajo,
no porque lo menosprecie,
sino porque me crie entre pobres
que ofrecen lo que no tienen.

Pulsos: coros y solos

los pizcadores

nuestras manos se mueven de la helada al sol
y cuando el calor pega
nuestras gorras son el único cobijo

adelante vamos   por parcelas y granjas
oyendo mujeres y niños
nos seguimos   por fronteras   invernaderos
dejando mujeres y niños

nuestras manos forman los frutos que salen al mundo
y el mundo se niega a nuestras manos

el soberano del momento

como todo elegido
mi mirada es superior y decide

las garras del águila se cierran

crees que es tiempo de pensar
pero es tiempo de actuar
hay que seguir o ser presa

y cuando miras alrededor
    soy yo   quien se anuncia
y cuando la propaganda te llama
    soy yo   quien sonríe

y cuando te desesperas
    soy yo   quien juega
y cuando la ciudad murmura veloz
    soy yo   quien se oye
y cuando los toletes   los gases   las macanas
    soy yo   quien pasa

los aspirantes

estamos en pugna por la unidad
el necesario interés común de nuestros asuntos

no es él   es otro
te lo aseguramos
tenemos nuestros secretos

los alzados   los sediciosos

habría que dejarlos entre el hambre y la desgracia
menospreciarlos como menosprecian nuestro trabajo

luego habría que borrar hasta sus nombres
y dejarlos en el olvido en que hemos vivido

los legisladores

> parece que la confusión es un recurso
> si el vapor fue bandera de progreso
> un poco más de neblina va a sacarnos adelante
>
> se trata de crear más ilusión
> cuando se hace ruido en el camino
>
> perdón   no hay tiempo para explicaciones
> sesión
> tiempo de concesiones

el juez

> esta es la ley
>
> yo hago la justicia
>
> yo no paso por la justicia

los literatos

> de la experiencia a la vanguardia
> por confesionarios y con letrismos
> ah sí olvidaba las militancias
> señalamos las perlas
> que nadie tiene tiempo de ver
> en las almejas de la paella

una lengua es la nuestra   castellana o española
más palabras la hermosean que flores tiene América
y ayer como hoy   rarámuri o euskera
son dos nombres de lo desconocido

cuando preguntan si es moderna nuestra literatura
respondemos que ya también la hacemos con aparatos

gracias a los diccionarios
sabemos qué quieren decir ortografía
                              ortología
                              ortodoxia

los entretenidos

ligero   ligero
sólo nuestra estupidez va en serio

oferta cultural

popoetas   bobelistas   yesolodistas   cacontistas
perforanceros   momiaralistas   cinehartas
pactitectos   pinchores   compimpostores
imbecigadores   esculores   instaladrones
bailadrides   ratistas   clímtricos   falsósofos
cacadémicos   bramaturgos   cancantes
se pierde mucho tiempo en estos juegos

los funcionarios

>	ser el puesto y mantener el puesto
>	confundido en uno y repetido en otro

vulgo

>	qué relajo carajo
>	cómo salir
>	por la estrecha puerta
>	de la mayoría que no cuenta

un migrante

>	es que salí de allá y no he vuelto
>	por eso cada vez
>	voy más cerca de lo que dejo
>	así se me pasa la vida
>	alejándome de lo que quiero

los intelectuales

>	todas estas horas para reducirnos a una paradoja

>	eras tú quien decía que nuestra época apestaba
>	yo aún no me siento realizado por época alguna

conforme se vacían las mesas   alguien cambia los
                                  |manteles
quizá nadie más aquí se pregunte quién es esa persona
bueno   aquí estamos nosotros para hacer ese trabajo
                                     |sucio
¿debería preguntarle su nombre?
¿tendría que saberlo?

esto es un problema impersonal   sabes
una abstracción   una idea

en cuanto a la época   quizá tenga sus brillos
yo prefiero las superficies   aunque a veces
tengo la impresión de confundir oler bien
pensar bien   quedar bien   quiero decir
ese rumor en el aire

los manifestantes

gritos que multiplican los gases
nos dispersa la policía
más fuerte que los golpes
el viento que no acaba con los montes
nuestros compañeros van a las montañas
ya tienen edad para perderse
nosotros salimos a nuestros recorridos de furia
por las mismas viejas partes   de las ciudades que
                                   |nos pasan

los colectivos

y alguien más
aunque a veces coincidan nuestras manos
son tantas las miradas
que no sabemos a quién llevamos en los ojos

un extremista

yo también soy del partido de la muerte
el cauce que deja la sangre desemboca en la causa
cauce y causa de sangre cada vez más confundidos
abro los brazos a la brutalidad que realiza mis sueños

los liberales

aquí tienes la división entre las palabras y los hechos
aquí la mesa   los hoyos negros   las galaxias
moviéndose al rededor   con nuestros intereses en
                                            | medio
cada plazo nos sacude para recordarnos que no somos
                                            | nada
ni tú ni yo
aquí está el lugar para que firmemos el acuerdo

las maquiladoras

cuenta el tiempo para el baño
y también el tiempo para hablar con las compañeras
algunas salen por el cigarro   quien más a tomar aire

cada cosa es trabajo contado
apuramos nuestras vidas por ganar tiempo

un cuidador de cultivos

amapolita que creces en el monte
y sabes de los caminos

te pareces a mí por nacer agreste
por vivir torciendo destinos

amapolita   no te queremos por tu flor
y tú necia más caliente floreces

los infieles

damos más confianza al dolor que vivimos
que al invisible al que lo ofrecemos

un moralista

> qué sería de mí
> si no los dejara nacer   libremente
> qué sería de mi pena de muerte

diplomacia

> yo sonrío
> tú sonríes
> él sonríe
> ella   que debe ponerse antes   o bien al lado
> ella también sonríe
> esto sonríe   ¿esto?   esto no es razonable
> se está de acuerdo   se sonríe
> nosotras y nosotros sonreímos
> ustedes sonríen
> vosotras y vosotros sonreís
> (no olvidar ámbito peninsular)
> ellas y ellos finalmente sonríen
> para la foto

mujer con trapeador

el lodo de cuando pasan
lo limpio   las huellas
de sus zapatos   las quito del piso
y a mí misma
yendo para atrás
me borro del camino

Vía pública

GUARROS PARA MUÑECA

Háganse a un lado, que traemos a la reina
y el patrón no quiere ni que la vean.
Ahí viene, abran paso, quítense,
ni se les ocuuurrrra ponerse en medio,
porque nos entrenaron en el ejército
pa' darle un plomazo en la cabeza
al que quiera pasarse de a de veras.

Ni se emocionen, chavos,
que así como la ven, hasta el jefe se le rinde.

Cuidarla en sus desplazamientos, seguir sus
caprichos rutinarios es nuestro trabajo.
Ya la llevamos al *gym*, al salón
—a peinarse, como cada día—,
ahora toca el almuerzo con las amigas.
Allí, mientras la esperamos, nos da tiempo
de echarnos un taco y hasta un cigarro.

LA JUGUERA

Domingos tropicales, jugueteos,
niños, perros que me paseaban los ojos
por el parque.
En el puesto esos soles
como naranjas, toronjas, mandarinas
que ella exprimía
al gusto de la sed.
Esa sonrisa de subempleo
$20
la impiden estos días de lluvia, frío.

TEPOROCHOS

Maltrechos, malqueridos, malhechos,
la compañía solicita a sus semejantes
y a veces los teporochos chacotean,
canturrean sus atropelladas vidas,
marcando el tiempo
con pachas y anforitas en la boca.

También hacen competencias:
quién ha perdido más dientes,
quién ha tenido más accidentes,
quién fue más cabrón, más pendejo.
Y entre risas y lamentos
cada quien se declara ganador.

MENDIGO CAZADOR

Pasadas las primeras horas de la mañana,
cuando el trajín de la ciudad se contiene
en las oficinas, en las escuelas,
el mendigo aprovecha para buscar comida.
Avienta moronas a la plancha del parque
y observa pétreo la reunión:
pichones, palomas, cornejas,
que el hambre disputa a picotazos.
Lentamente se acuclilla y salta
atrapando un pájaro con las manos,
metiéndolo luego en un costal de yute
amarrado a la espalda.
Cambia de lugar y repite la estrategia,
hasta que rinda el mendrugo hallado.

DÍA DE TIANGUIS

1

—¿Qué va a llevar, reina? Mango, melón, papaya, plátano,
todo se lo pongo barato.
Y ella acepta con sus ojos risueños.
Le despacho haciéndole gracias, preguntas,
le ofrezco el puesto completo, con tal que ella
siga aquí, y que no dé media vuelta,
llevándose esas manos de ama de casa.

2

—…entonces llega la hora de rematar la verdura,
en esta caja aparto la que tiene gusanos y la podrida,
a un lado la pachichi, que tiene un precio más bajo.
Por el dinero, algo es algo,
y si no en un rato vemos si la pide algún necesitado,
menos kilos para el regreso, lo que salga antes de que alce
                                        |el puesto.
Y si ni así sale, me la llevo para que traguen los marranos,
que nada desperdicio,
todo es alimento.

ESOS VATOS

Ya están allí en la esquina.
—Qué, ¿unas chelas? —Sí, a fuerza.
—Ahorita se junta la banda y al rato rolan la mota,
si se animan hacemos la vaca para la piedra.
—Nada importa. —Otra ronda, rápido.
—Si viene la patrulla nos la cabuleamos,
aquí vivimos y no molestamos a nadie.
—Nosotros nos pagamos nuestros vicios,
ninguno se pasa de lanza. —La cháchara,
el cotorreo. —Uy, si no todo es en serio,
ya solita la vida se complica,
para qué añadirle uno complicaciones.
—Qué más tienes que hacer que pasarla bien,
¿dónde te van a tratar mejor?
En la chamba, pedos, en la casa, pedos,
entre cuates nos alivianamos,
la noche se va en un trago,
mejor chúpale con gusto, pichón.

PAREJA DE VENDEDORES DE VERDURA

Cada día de la semana en un punto distinto de la ciudad
venden por tantos y atados rábano, pápalo,
quelite, acelga, aguacate criollo, maíz, huitlacoche,
que cultivan en su pueblo los conocidos y la familia.

Ahora venden menos que hace años,
la fuerza les ha disminuido
obligándolos a reducir los bultos.
Se acompañan ella y él.
Intercambian palabras prácticas,
a veces la conversación los visita.
Trabajarán hasta el último de sus días,
mientras puedan, o cuando uno de ellos falte —aseguran.

SEMÁFOROS

Malabarista

La alegría, como la suerte, se tiene o no.
Entre más las procuras más escasean,
hay que echarlas a volar para tenerlas en la mano.

Payaso

Mientras aquel se toma en serio
yo me pedorreo. Bailo, salto,
le hago un chiste a tu mamá, otro a tu hermana.
Me burlo tanto de ti
que me parezco a ti.

MULTITUD

Sofocamiento realista.

De a pie, el citadino,
el ciudadano incivil, de a pie.
Tosco pie, asfalto, pie, los dedos,
que juntos dan soporte.

Sin trato, apenas tránsito,
él, ella, ella, él, él, ella, él, ele,
ella, ellealale, elalel, leleallelele, lalalela, elle, al.

EMBOTELLAMIENTO

El sudor corre más rápido que la ciudad.
La lentitud va por su mayor alcance.
Yo sigo aquí, en mi tramo de avenida,
con tiempo para mirar que poco cambia.
Por un momento pensé que podía ir más deprisa,
siguiendo no sé qué necesidad de estar a la hora.
Tantas cosas atropellan mi cabeza, la vuelcan
y me dejan en el mismo lugar.
Nada cambia aquí, mirando de frente
el hartazgo del prójimo, el asfalto.

Ahora me queda descubrir mi reposo.

12 DE DICIEMBRE

Azotes, magueyes, la noche entre espinas,
este camino de rodillas.
El momento del peregrino
esforzado por alcanzar lo sagrado.
¿Es un espacio, una horda, una imagen,
una fe? ¿Qué es?
Nunca he podido atravesar por allí.
Voy entre dolientes, enfermos,
moribundos;
otros jubilosos, extasiados, borrachos,
jóvenes entregándose a la noche.
Pero yo no consigo llegar.
¿Qué hay más adelante?
Nunca he podido entrar allí.

Dramatis personæ

CADENERO

Le sonríen, una a una, las mujeres,
entre el humo del tabaco.
Los hombres lo saludan amigables.

Calles, estacionamientos, bares, restaurantes, antros.
Viernes, ciudad potenciada, exponencial, infinita.
Desmadre, fiesta, reventón,
noche de mano abierta.

—¿Qué hora es? —Esto apenas empieza.
—¿Cómo está la cosa del otro lado?
El cadenero tampoco lo sabe. —Tú,
a ver, hasta aquí, espérense ahí.

En un destello él se mira por fuera
y a sí mismo no se deja entrar.

ALEJANDRO

Sale a la calle y, al cerrar la puerta,
se equilibra en las muletas. Guarda la llave,
retoma el camino de las últimas semanas.

Después de que ya no quiso encerrarse en casa,
lamentando haber sobrevivido.

En semáforos y transportes públicos vende
caramelos patéticos.

Sabía, porque podía, hacer más cosas.
Las ha ido perdiendo con los días, pero no olvidado.
Ahora es así, y nada más queda darle.
Ya se ha caído, ya se había caído.
Se levantó, se volvió a levantar.
Y lo volverá a hacer.

ANIMAL TRABAJADOR

La mirada en la pantalla,
la boca en la sopa instantánea.

Ocupaciones que llenan la vida
pegada a la silla.

Urbina es el asistente
del asistente del asistente,
o sea que de los tres
Urbina es
el que más trabaja,
para eso le pagan.

Y él se esfuerza por conseguir,
por mantener, por resultar. —¡Allí
está! ¡Allí está! —grita
y ya es el último en la oficina.

MERCERÍA

Se han vuelto infinitos los botones entre mis dedos.
El sol decoloró el cabo que colgaba de los listones
—dos, tres veces los corté, y eran mis días los que caían.

Ya va siendo hora de cerrar el negocio,
aunque sé que, como siempre, esperaré
otro rato, por si alguien viene.
Las pérdidas continuas me han dado entereza.
Mañana también haré mi mejor esfuerzo,
y más, todavía.

DOS INCÓGNITAS

1

X se portaba bien
y la vida lo trataba bien,
aunque no se la pasaba tan bien.
Y se portaba mal
y la vida lo trataba mal,
aunque no se la pasaba tan mal.

2

A solas, X se imaginaba una vida de Y.
A veces, Y se imaginaba una vida de X.

BALADA DE EMPLEADO

Domingo en la noche.
Empieza la semana y termino yo.
Tengo que prepararme.

De lunes a viernes vivo
entre no querer empezar y querer acabar.
Me he limitado a esos deseos.
Gasto mis días como boletos del metro.
El miércoles llega con mediocridad.

—Buenos días —digo a González, a Martínez,
a Susi, la recepcionista, cada día, y cada tarde:
—Hasta mañana, que descanse.
Este es el esquema de mis diálogos.
Es verdad que también hay grandes momentos
entre nosotros, los colegas. Hay incluso amistad con algunos.
Conocemos a nuestras familias, nos saludamos en nuestras
                                                    | fiestas,
y al regresar de vacaciones nos contamos
si salimos a la playa o nos quedamos en casa…

En un trayecto me encontré preguntándome
si al siguiente día será diferente, o será igual.

Aliento de asfalto, este es un corazón, una vida en la ciudad.

Tengo que escarbar en mí hasta encontrar un sentido.

Día a día,
total que ya son años de buscar
y la experiencia deja ver que así seguirá siendo.

Está acabada la vida que se mira definida.
Lo que quise hacer está incompleto.
La euforia derrama su vaso
y enmendar el error no recupera el agua.
El mantel de mis minutos se extiende correcto,
es decir, sin hechos ni sucesos espontáneos o impredecibles.
Mastico esta tranquilidad ansiosa,
me baña esta certeza sin furor ni tedio.

Fuera de mis inventarios estás tú,
mi desvelo, mi sueño.
En tus párpados abro mis ojos.
Reconozco otro día
y, apenas tu pelo me hace cosquillas,
me pregunto qué será diferente, qué será igual.

Una vez apagaste la televisión, la luz,
y, cuando te quedaste dormida, me incliné
sobre tu pecho.
Al escuchar tu corazón, oí mi pensamiento
y me acerqué a mí mismo.
Quizá lo más difícil sea escucharse.
Esa vez tuve poco que decirme.
En esa oscuridad se aclaró mi tristeza,
que no sabía ni qué ni nada.
En esa ocasión mi pensamiento fue más lejos,

en un movimiento distinto al de la tierra,
que se me escapaba y a la vez me concernía, solo.
En silencio fabulaba la noche. Y escuchar
su historia me dejó este enigma en la boca.

Así esta noche, entre que voy y vengo,
el sueño me convida vida.

EL AUTÓMATA

No supe si era él en un primer momento.
Las actitudes y las poses cambian a la gente
más rápido que los años.
También había adquirido esa habilidad
para fijar la mirada
sin descuidar cuanto sucede en torno suyo.
La moneda caía en la caja,
su tintineo aseguraba la respuesta del autómata.
Me quedé allí más tiempo que quienes se entretenían.
Una estatua de sal abrazó mi memoria desierta.
Quise decirle que, pese a todo,
se esforzaba en su trabajo,
pero la circunstancia nos dividía.
Él era una figura pública.

TRABAJO EN CURSO

A las cuatro de la mañana ni el sol se levanta,
salvo Amalia. Contra natura, apaga la alarma.

Se da un regaderazo, se viste y se despide,
sin despertarlos, del marido, de los hijos.
Sale a la calle vacía.

Camina hasta la parada del colectivo,
que tarda en llegar. Es tan temprano,
salvo para Amalia y para quienes esperan.

Llega al metro cuando el guardia abre las puertas,
luego aborda el primer vagón y viaja rodeada de personas
que, como ella, antes de empezar el día, ya van cansadas.

En el edificio donde trabaja, el vigilante
le da los buenos días, ella responde,
luego toma el elevador,
abre el local de mantenimiento,
se pone el delantal y comienza el aseo,
dejando limpio antes de que todos lleguen.

Pasa a otro piso, a otro piso, a otro piso,
y cuando la oficina se llena procura ser discreta,
porque los oficinistas están ocupados y les molesta el ruido.

JARIPEO

a la memoria de mi padre

1

Presentaron al jinete:
un fuereño que iba de palenque
en rodeo montando por dinero.

Se abrió la reja,
el sombrero en lo alto,
las piernas sólidas, estrechas, apuestas,
el valor aumentaban por reparo.
Apretaba la correa al lomo con un brazo solo,
acoplados salto y giro.

Tanto aguantó, que cansó al toro.
Bramando quedo lo dejó de un brinco,
y mientras regresaban la bestia al corral
el jinete celebraba sonriente. —¡Bravo!
—¡Que regrese para verlo montar!

2

Sonaba la banda.
La cerveza diluía la sal de las botanas.
Rastrillaron la arena.
Un tufo de bosta caliente llegó al graderío.
Prendieron los reflectores,

luego una joven dio las buenas noches
y cantó unas rancheras
dedicadas para toda la gente del pueblo.

3

Vino otra tanda de montas, y ahí estuvo el jinete
que dedicó la noche al amor de su vida.

Cuatro reparos daba el animal cuando las patas le flaquearon,
al suelo dio de cabeza, lo hirió con los cuernos,
luego de costado cayó sobre el muchacho,
que desde niño había montado sin accidentes.

No hubo tiempo de ayudarlo.
Ya era tarde cuando los siete hombres
le quitaron el toro de encima.
—Está fracturado —dijo el caporal—, hay que sacrificarlo.

Ella bajó las gradas hasta la primera fila,
la detuvieron cuando intentó saltar a la arena.
Al jinete lo sacaron en una camilla, cubierto con un lienzo,
por las puertas que ella seguía mirando
aún después de que pasara esa noche
—y volvían a cerrar las puertas.

A tono

TRÍO HUASTECO

1

El violín levanta el vuelo.

Nos canta el aire,
se multiplica la tarde.

En cada boca
la alegría nos toca.

2

Pespunteado son,
las cuerdas pariendo dedos.

Mango del atardecer,
cuando te abanicas se me tiempla la piel
y se abre, jugoso sol,
calentando el corazón.

3

Soy como el pájaro en el árbol
que no pide silencio
para afirmar su canto.

El gusto de cada cual es mi goce,
cada vida es mi acompañamiento.
No se entretengan con mis apariencias,
que mis riquezas las reparte
el temblor de mis cuerdas.

Sólida es la peña
de donde el agua brota.
Sólida es la vida
que me moja la boca.

LIBRO DE COCINA

1

Nade, vuele o corra,
todo va para la olla.
Tantas rarezas he visto en los comportamientos
humanos como en sus alimentos,
y muchos guisos me han extrañado
pero ninguno se salvó de ser mi bocado.

La miseria me daba navajazos, duro, en la panza.
Quizá sus cicatrices las disfraza
la memoria entregándose al apetito.
La necesidad me abrió la boca,
la educación, el paladar.
El reino animal no conoce mayor depredador
—incluyendo moluscos e insectos.
Y mientras mis manos me asistan, recordaré:
nade, vuele o corra
todo va para la olla.

2

Acaba de pelar la ontológica, lacrimógena cebolla.
Que pase a bailar al sartén, al son del aceite,
con su compañero el ajo, con el chile de árbol,
que juntos mantengan el peso del pescado

previamente relleno
(jitomate, hierbas, un toque de pimienta)
y luego bien frito,
mientras la tarde se colma con el aroma
que provoca el gusto de estar vivo.

Lo bueno invita a la gula,
y está bien que así sea
mientras el corazón aguante.
El primer exceso y la primera abundancia
me la dieron mis padres con la vida,
y no he querido sino prolongar su alegría.

3

El resultado es un bocado
que exalta el paladar
y que no se olvida.

BAR

Otra copa,
otra ronda.
Embriaga más rico
el alcohol compartido.

Relajo, alboroto, chacoteo,
amigos, desconocidos, mezclados.
Puro lo puro,
que aquí todo combina y entona.

Percusiones: las mesas,
los vasos, las botellas.
Trago eufórico, música.
Cualquier momento,
el mejor acompañamiento.

Venga el siguiente trago,
que para el último
no habrá ni tiempo de saber.
Descansen los brazos,
entre copa, baile y guasa.

Las penas
con pan
son buenas
y con alcohol
pasan mejor.

Quiera quien quiera,
afortunado quien goza lo que tiene.

Los malos tragos pasan,
los buenos también,
ni cómo quitarse la sed.

ENTREPIERNA

1. Lúbrico

No se puede hablar
y comer pinole.

Tal sabiduría anticipa que aquí mi boca
se dedica a trabajos de menos secreciones
y más secrecía.

Dime de qué presumes
y te diré de qué careces.

En algo se parece la cópula a un poema:
para que sean memorables,
hay que olvidarse en ellos.

2. La pasión, la institución

Azafata de 33 años, 1.72 m, pelo castaño
—a media espalda—, ojos como los mares
que sobrevolaba, a veces para aterrizar en mi cama.

Se apuraba para alcanzar su vuelo y se despedía:
—Te avisaré cuando vuelvo —
su español no anticipaba el subjuntivo.

Un cambio de ruta distanció nuestros encuentros,
pronto nuestros besos fueron una escala,
y después con nuestras bocas nada más nos llamamos,
nos desapegamos.

3. *Le Larousse*

Besar no es *baiser* —no únicamente— ni *baisser*.
Estas y otras sutilezas aprendí y verifiqué en su voz.
A veces las diferencias,
los matices se encontraban en las palabras como en nosotros,
pero allí estaban los diccionarios para estrechar los significados
y apartar las bocas.

Se presionaba, ella, con prisa parisina. Maestra y *maîtresse*.
Nuestros ánimos se acoplaron como látex a la piel,
que, pasado el gozo, se desprende.
Quise volver a verla, ella no. Y aunque ya son varios años,
a veces, sin quererlo, me viene su voz, pero sin sentido.

4. *Toy boy*

Quién le diera de vuelta las horas
en que lo gozaban las señoras
(ventana en la casa matrimonial,
respiración boca a boca).
Sus bochornos prendían su antojo.
Cuánto gusto le daba que no lo tomaran en serio,

que pasada la calentura se arroparan,
sacudieran la guedeja sonriente del muchacho,
y que al despedirse no hubiera fecha ni cita
ni la certeza de volver a verse.

Las buenas jugadas no pueden repetirse,
por imprevistas, y ya casi no se le da ese juego
desde que, en la calle, le dicen:

                         —Señor…

Momentos robados

GRADUACIÓN

Adiós, saberes sabidos, conocimientos conocidos,
pronto el olvido los recubre.

Querían enseñarme la vanidad y la resignación,
descubrí mis inquietudes y mis torpezas,
que sean mi saber y mi pesar.
Sin poder para compartirlos, si poder
y compartir pueden realizarse al mismo tiempo.

Al final aceptas que aprendiste algo,
cuando no conociste otras cosas.

La razón, aprendí a reconocerla en los primeros muros
y, sin embargo, por ella dudo que sean permanentes.

La verdad está en el aire,
basta con asomarse.

SARDINAS

—¡Ya, macuarros,
no metamos todos las manos
al mismo tiempo en la lata!

No vengo a ordenarles nada,
no más entiendan que el hambre
es pareja con todos
y que es cosa más grande que el apetito.

CUCARACHA

La luz de la cocina nos encuentra repentina.
Sólida carrera marrón.
Un instante entre naturaleza y belleza
antes de aplastar
la forma de vida que me desagrada.

A DESTAJO

Esta ocupada cabeza de empleado
no puede sino reducirse
a la proporción de su trabajo:
las horas, los días, las semanas tienen
su cifra asignada,
mezquina angustia de pobre
que cuenta.

ESPERANZAS

Eché los pájaros a volar.
Los vi alejarse.
Después me vi de nuevo empujando el aire.

PESADILLA

Todas las personas en este cuarto tienen la cabeza agachada.
Cuando alguien la alza,
no importa si es niño, anciano o preñada, se la cortan
—los métodos son muchos,
cualquiera que haya abierto los ojos conoce varios.
Los cuerpos caen pronto en su propia sangre.

Sólo pueden despertar quienes se mantienen con la cabeza
                                                    | abajo.

RECUERDO REFLEJO

La calle y su tumulto cotidiano.
Tarde, el caminante regresa por los mismos sitios
donde no conoce a nadie.
De pronto, una espalda, luego una cabellera,
afirmaciones del recuerdo. Es ella.
Encuentros que se definen por sus despedidas.
Repeticiones en camas solitarias.
Ella voltea, sonríe y sigue de frente,
llevándose años pasados adelante.

CITADINO

Pueblo de casitas donde transcurren los días.

De callejón a esquina la hora se detiene.
Estoy ayer aquí, allá hoy.
Cada adoquín es un espejo,
los rostros repetidos son desconocidos
y los pocos encuentros van sabidos
de un saludo a un repaso de la vida.

Nuestras costumbres
son nuestras certidumbres
y el horror viene de no tener edad
para entrar
en ello.

AMOR

Tu grito.
Oí el zumbido y comprendí.
Corrí la cortina, abrí la ventana,
pero la abeja chocaba contra el vidrio.
Los días de miel le hacían pesado el vuelo.

1.º DE ENERO

Empezar así,
titubeando,
con la boca resaca,
la cabeza perdida
en su propia fiesta.

BASURA

Orgánica

No sé cómo darle otra vida a estos desperdicios.
Ni sé si esto estaba hecho para la boca —
antes crece el trigo para ser cortado
como crece la res para el matadero.
Las manos que cosechan, las manos que distribuyen,
las manos que reciben, las manos que recogen
se engarzan de tal forma que parecen una pieza.
El trigo enmohecido, la carne enlamada son historia.

Inorgánica

Latas, cartones, plásticos,
qué sale de esto. Manos sucias de pobre industria.
Remover, echar, reciclar
y sonreír en la pepena
que me ocupa.

GATO

Me reconoce animal.
Su lengua, en mi dedo,
lame una herida que desconozco.
¿Qué selva, qué estepa
me recuerda tu roce?

MEMORIA

Vuelvo a la casa familiar.
Arriba duermen.
No hay que prender la luz.
Ni falta hace,
puedo subir las escaleras
a oscuras.
A ojos cerrados sigo
mi juventud.

Sobre el autor

Eduardo Uribe (1980) es escritor, traductor y profesor. Originario de Iztapalapa, Ciudad de México, encontró en la cultura una forma de comprender y de transformar su entorno.

Fue secretario de redacción del *Periódico de Poesía* (UNAM), bajo la dirección de David Huerta. Ha publicado los volúmenes de cuentos *Infiernos particulares* (UNAM, 2008), *Propaganda, puros cuentos* (Legaria, 2015) y *Uróboros. Clichés con hocico y cola* (Malaletra, 2015), además de ensayos y poemas en revistas de República Dominicana, México, Italia, Alemania y Francia. Realizó una antología de poemas y apuntes teóricos del poeta suizo Philippe Jaccottet y, en cotraducción, los publicó bajo el título *A través del trueno* (El Tucán de Virginia, 2014); es también traductor del poeta y filósofo contestatario Henri Meschonnic, de quien ha publicado algunos poemas y su ensayo *Modernidad Modernidad* (La Cabra Ediciones, 2014). Reside en Francia, donde se doctoró con una tesis sobre las teorías poéticas en Hispanoamérica durante el siglo XIX y principios del XX. En los últimos años, entre otras cosas, ha sido docente en las universidades de Orleáns, Lille y Sorbona Nueva.

2025
Impreso en Buenos Aires,
Buenos Aires Poetry
www.editorialbuenosairespoetry.com